中国の歴史★現在がわかる本

★第二期★ 3

13世紀までの中国

監修／渡辺信一郎　著／山崎覚士

かもがわ出版

はじめに

2016年の「日中共同世論調査*」によると、中国人が日本に対していだく感情が少し改善されてきたことがわかりました。この背景には、2016年に入ってから日本を訪れる中国人観光客が前年比で3割以上増加し、彼らが「日本人は礼儀正しくマナーを重んじる」と感じ、また、「日本の環境は美しく自然が豊かである」ことに好印象をもっていることがあげられています。

また、中国の子どもたちのあいだでは、ドラえもんやピカチュウなど、日本の漫画やキャラクターが大人気。子どものころから好きだった漫画を生んだのが日本だということで日本にやってくる人たちもいます。そもそも中国の「漫画」という言葉自体、日本語から中国語になったものなのです（→第一期1巻 P28）。

2009年、中国南京にある「侵華日軍南京大屠殺遇難同胞紀念館（南京大虐殺記念館）」で、日本漫画家協会の漫画家たちの戦争体験を描いた原画展覧会が開かれました。その際、日本人漫画家の絵を見て、日本軍が中国人を何十万人も屠殺（虐殺）してきたとばかり思っていたが、日本の人びとも戦争で苦しんでいたことをはじめて知ったと語る中国人が非常に多くいたといいます（来場者数240万人）。

写真：石川好

★

ところが、同じ世論調査で日本人の中国に対するイメージは悪くなっています。その理由としては「尖閣諸島周辺の日本領海や領空をたびたび侵犯しているから」「中国が国際社会でとっている行動が強引だから」などがあげられています。しかし、このような今だからこそ、日本人は、中国・中国人についてもっと理解し、どうしたらもっとよい関係をつくっていけるのかを考えなければなりません。でも、そんなことは、国や政治家の考えることで、自分たちには関係ないと感じる人も多いのではないでしょうか。

★

東日本大震災のとき、中国もすぐに救援隊を派遣してくれたことは、よく知られています。しかし、1923年の関東大震災のときにも、中国から支援を受けていたこと（→第一期1巻 P16）は、今の日本人はほとんど知りません。もっともっと中国や日中関係を知って、よかったことを生かし、よくなかったことを反省していかなければなりません。しかし、日本人が中国史について学ぶのは、中国大陸の北のほうからモンゴル人がせめてきて、中国を支配し、元という王朝を建てたとか、北方民族に支配されていた漢民族が自らの王朝を復活させたなどというように、おもに中国大陸の王朝交代の歴史がふつうです。また、豊臣秀吉と明王朝、江戸幕府と清王朝というように国（あるいは王朝）、支配者の視点から日中関係史を勉強します。

★

国と国との関係で、王朝が交代したからといって、人びとの日常生活が急激に変化するわけではありません。一方、一般市民の運動が国を動かすことがあるのは、世界の例をあげればきりがありません。過去の中国でも、そうしたことがありました。近年でも、そのような動きが現にあります（→第一期3巻）。だからこそ、日中関係をもっとよい関係にしていくにはどうしたらよいか、自分たち自身で考えなければならないのです。

こうした考えから、一般によく見かける王朝交代史や、支配者どうしの日中関係史でない、これまでにないシリーズにするために、専門の研究者11人が集まり企画したのが、このシリーズ「中国の歴史・現在がわかる本」です。

第一期	第二期	第三期
1 20世紀前半の中国	紀元前から中国ができるまで	13〜14世紀の中国
2 20世紀後半の中国	2度目の中国ができるまで	14〜17世紀の中国
3 21世紀の中国	13世紀までの中国	17〜19世紀の中国

★

「中国の本というのは漢字ばかりでむずかしそう」と思う人もいるかもしれませんが、漢字の国・中国の歴史の本となれば、漢字が多くなってもしかたありません。しかも、今回集まったのは、中国史の専門家です。文章も、むずかしいところがありますが、がんばって読んでください。いま、日本と中国をふくむ世界の情勢は、大きな転換点をむかえています。ぜひ、今後の日中関係を考えるのに役立てていってください。

* 「言論NPO」と「中国国際出版集団」による「第12回日中共同世論調査」。

もくじ

1. 唐の誕生 …………………………… 4
2. 女帝の時代 ………………………… 6
3. 唐の繁栄と影 ……………………… 8
4. 変わる唐の支配体制 ……………… 10
5. 黄巣の乱と唐の滅亡 ……………… 12
6. 分裂する中国：五代十国時代 …… 14
7. 北宋の誕生 ………………………… 16
8. 改革の時代：王安石と新法 ……… 18
9. 「風流天子」と北宋の終わり …… 20
10. 南宋のはじまり …………………… 22
11. 南宋の滅亡 ………………………… 24

もっと知りたい！ 変わる国際社会 ……………… 26
もっと知りたい！ 変わる日中交流 ……………… 28
もっと知りたい！ 変わる人びとの生活 ………… 30

この本に出てくる地名地図 ………………… 32
13世紀までの中国の年表 …………………… 33
ことがらさくいん …………………………… 34
地名さくいん・人名さくいん ……………… 35

監修のことば

　中国はいつから中国になったのでしょうか。中国は4000年以上の歴史をもっています。しかし、4000年のむかしから、現在の中華人民共和国の領域を前提にして歴史をはぐくんできたわけではありません。中国は、最初は首都とその近辺を指すことばでした。その歴史は、周辺の諸地域、諸民族との交流をつうじて、段階的に今日の中国まで展開してきたのです。

　「中国の歴史・現在がわかる本」のシリーズ全9巻は、日本との関係も視野に入れて、それぞれの段階の中国をとらえなおし、中国の歴史と現在を全体として鳥瞰できるようにしています。21世紀をになう若い世代が中国への理解をさらに深める機会になることを期待します。

渡辺信一郎

唐の首都長安城には、太極宮・大明宮・興慶宮という3つの宮殿があった。当時の建物は残っていないが、現在は遺跡や公園となっている。写真は大明宮の正門の復元。

1 唐の誕生
(618年～907年)

隋末期、挙兵した将軍・**李淵**が王朝をたおし、あらたに唐の初代皇帝として即位します。次男の**李世民**は、その後兄弟を破って第2代 **太宗**となり、太平の世を導きました。

太原挙兵

隋の第2代皇帝・煬帝（➡第二期2巻P21）が首都大興城（長安、現・陝西省西安市）を離れ、江南（長江の南の地域）に巡遊しているさなか、各地で大反乱が起きました。太原という都市を守っていた李淵（566～635）は、その機会に便乗して617年に挙兵します。3万の兵を率いた李淵は一気に進軍し、わずか4か月後には、戦いで血を流すことなく長安を占拠しました。長安に入城したときには軍勢は20万にふくれあがっていました。各地の勢力や隋の兵が、李淵に期待して加わったためです。

翌年の618年には、李淵は唐の初代皇帝（高祖）として即位しました。元号を武徳と定め、大興城を長安城という名前に改めます。ただこのとき、まだ全国各地では他の勢力が争いを続けている状態でした。

玄武門の変

各地の敵対勢力を次つぎとたおしていったのは、李淵の次男・李世民（598～649）でした。軍事的才能にめぐまれた李世民は、約10年をかけて名だたる勢力を撃破しました。その名声や功績が大きくなってくると、次期皇帝の座をめぐって、長男の皇太子・李建成と対立するようになります。李建成は弟の李元吉と手を組んで、李世民の暗殺や配下の排除を試みましたが、いずれも失敗しました。

626年、李世民は部下を率いて、長安城の北門に位置する玄武門で李建成・李元吉が入ってくるのを待ちぶせし、襲撃して殺害しました。これが「玄武門の変」とよばれるクーデターです。高祖李淵は、すぐに李世民を皇太子とし、その2か月後には李世民が皇帝として即位しました。第2代皇帝・太宗の誕生です。

用語解説

クーデター：支配者階級に属する一部の勢力が、武力を用いて非合法的に政権を奪うこと。

律令：国家の制度や刑罰に関する法律。中国だけではなく、朝鮮や日本・ベトナムでも施行された。

貞観の治

　太宗は元号を貞観と改めました。太宗は有能な家臣や武将たちとともに世の中を太平に導いたので、その治世は「貞観の治」とたたえられました。高祖の事業を引きついで、国の法律である律令、土地支給制度である均田制（➡第二期2巻P14）、租税の制度である租庸調、兵制である府兵制（➡P10）などを整備し、以後300年続く唐の基礎をつくりました。

　太宗は外部勢力との戦いにも力を入れ、西北の遊牧民勢力を支配下に組みこみ、族長たちから「天可汗」の称号を献上されました（➡第二期2巻P23）。また、西域（➡第二期2巻P26）のオアシス国家や朝鮮三国（高句麗・百済・新羅）などを服属させ、唐は世界の帝国として君臨しました。

唐代に有力者の墓の副葬品としてつくられた「唐三彩」という陶器。唐の人びとや動物をモチーフにしていて、なかには西域からやってきた人やラクダをモチーフにしたものも多くある。世界の帝国だった唐には異国の人びとが多く集まった。

写真：ユニフォトプレス

もっとくわしく　李世民

　名君として有名な李世民は、幼いとき「20歳になれば、きっと世の中を救い民を安らかにするだろう」と占い師にいわれ、名前を「世民」と改めた。隋の煬帝が突厥（➡第二期2巻P20）の征伐に自らおもむき、逆に包囲されたとき、その窮地を救ったのは李世民だった。また太原挙兵の際も、父・李淵を動かし出軍させていた。戦闘だけでなく政治の才覚もあり、文武両道の君主だった。

　兄弟を殺してまで手に入れた皇帝の位。李世民にとっては、むしろよい政治をおこなうことで悪評を消したかったとも考えられる。その結果、貞観の世は、刑罰が減り、家に戸じまりをする者もおらず、物価も下がったと後世でたたえられた。

李世民

もっとくわしく　『貞観政要』

　8世紀のはじめ、太宗がおこなった政治の要点をまとめた『貞観政要』という書物が作成された。その内容は、太宗と、彼を支えた名臣たちとの政治に関する議論である。とくに、太宗をいさめ、苦言をよく呈した臣下・魏徴との議論では、太宗は姿勢を正されることも多く、その言葉に聞き従った。なお、魏徴はかつて皇太子・李建成を補佐し、李世民とは対立していたが、李世民は即位後に魏徴をむしろ積極的に重用し、魏徴もそれにこたえ、よく補佐した。

　『貞観政要』は、その後、朝鮮や日本にももたらされ、君主たちの政治の指導書となった。鎌倉時代の第3代執権・北条泰時や、江戸幕府をひらいた徳川家康も愛読していた。

租庸調：律令で定められた税。租は穀物、調は絹をおさめ、庸は労働奉仕またはその代わりとなるものをおさめた。

オアシス国家：中央アジアなどのオアシス（砂漠のなかで水がわき、草木が生えているところ）に成立した都市国家。また、都市のいくつかが連合して成立した国家。

則天武后の出身地とされる四川省広元市には、則天武后をまつる皇沢寺がある。

2 女帝の時代

唐の第3代 高宗の皇后だった**則天武后**は、中国の歴史上ただひとり、女性として皇帝に即位した人物です。

武照の登場

太宗のあとをついで即位した高宗は、もともと病弱でした。高宗に代わって、中国史上女性として唯一皇帝に即位したのが則天武后（624～705）でした。

則天武后は名を武照といい、もとは材木をあつかう富豪の娘でした。父が太原挙兵（➡P4）に協力したこともあって、彼女は太宗の後宮に入れられました。太宗の死後はいっとき寺院にあずけられましたが、その後、高宗の後宮に入れられます。則天武后はそこで策略をめぐらせてのしあがり、高宗の正妻である皇后などをおしのけて、自ら皇后の地位を手に入れました。

則天武后

皇后から皇帝へ

高宗の病状が重くなると、則天武后は政治に加わるようになりました。しかし、貴族出身の官僚の多くがこれに反対します。そこで、則天武后は自らを支える人材として、家柄によって地位を手に入れた貴族官僚とは異なる、科挙（➡第二期2巻P21）に合格した実力のある官僚を多く採用しました。これによって貴族は没落し、科挙に合格した官僚が政治をおこなうことが多くなっていきました。

高宗が亡くなると、則天武后は一時的に息子たちを即位させ、ついに690年に自身が皇帝の座につきます。自らを「聖神皇帝」とし、国号を「唐」から「周」へと改めました。こうして唐王朝はいったん滅びることとなりました。このできごとは、武照が周を建てたことから「武周革命」とよばれます。

用語解説
後宮：皇后や女官などがいるところで、皇帝が家庭生活を営む場所。皇帝以外の男子は立ち入り禁止で、多いときには3000人いた。

女性皇帝として

則天武后は即位するにあたり、「則天文字」というあらたな漢字を制定しました。これは辺境の地方にまで使用が徹底されました。また全国各地に大雲寺という寺院を建立させました。これは、日本の国分寺のモデルとなりました。唐は仏教より道教（➡第二期2巻P24）を優先させていましたが、則天武后は仏教を優遇しました。

則天武后の治世は、有能な官僚が活躍して比較的平穏でした。しかし晩年にはそうした官僚に退位をせまられて、705年、息子の中宗に帝位をゆずりました。こうして唐王朝が復活しました。則天武后は同年に亡くなり、自身の希望どおりに夫・高宗の陵墓に葬られました。

●則天文字の例

則天文字は、則天武后が自身の権力や思想を示すためにつくったとされるが、中宗の即位後には廃止された。なお、則天文字の「圀」という字は、「水戸黄門」として知られる江戸時代の水戸藩主・徳川光圀の名前につかわれている。　出典：氣賀澤保規『中国の歴史06 絢爛たる世界帝国 隋唐時代』（講談社、2005年）所載図を元に作成

もっとくわしく
白村江の戦い

7世紀、朝鮮半島では高句麗、新羅、百済の三国が覇権を争っていた。則天武后がまだ皇后だった660年、高宗は、高句麗と百済の攻撃を受けていた新羅からの要請を受けて援軍を派遣。唐軍は新羅軍と協力して、百済の首都を陥落させた。唐軍はそのまま高句麗を攻めたが、そのすきに百済が倭（日本）に援軍を求め、倭は援軍を派遣する。663年、唐・新羅軍と百済・倭軍は白江河口で激突した（白村江の戦い）。唐軍側の圧倒的勝利により、倭軍は敗退し、百済は完全に滅亡した。

この敗戦によって、倭の天智天皇と天武天皇は、唐を見習った律令国家の建設を急ぐこととなった。一方、唐側では、高宗が666年に泰山で封禅の儀式（➡第二期1巻P28）をおこない、朝鮮半島の情勢が鎮静化し、天下泰平となったことを天に報告した。

出典：詳説日本史図録編集委員会編『山川 詳説日本史図録』（第7版）（山川出版社、2016年）所載図を元に作成

もっとくわしく
東アジアの女帝たち

7世紀は、中国だけでなく、近隣の朝鮮半島や倭でも女性の君主が活躍した時代だった。朝鮮半島の新羅では、善徳女王や真徳女王が即位して国をおさめた。倭でも持統天皇が女性として即位し、夫であった天武天皇の事業を引きついだ。いずれの女帝も、当時では先進であった唐の律令国家の導入に力をつくした。

国分寺：奈良時代に、聖武天皇が仏教の力で国を守ろうとし、日本各国に建てた寺院。

泰山：中国山東省にそびえる山。秦や漢の時代以来、五岳（➡第二期2巻P27）のひとつとして歴代にわたり公式の祭典がおこなわれた。のちに道教の聖地となった。

日本の桃山時代の屏風絵「紙本金地著色並笛図」(部分)。玄宗と楊貴妃がならんで笛を吹くようすを描いている。中国や日本では、玄宗と楊貴妃を題材とする芸術作品が幅広い時代でつくられた。　文化庁所蔵

3 唐の繁栄と影

第6代 玄宗の時代、唐は空前の繁栄をむかえました。
一方で、国をゆるがす大反乱が勃発します。

開元の治

玄宗(685～762)がおさめていた時代、唐王朝は黄金期をむかえ、その治世は「開元の治」と称賛されました。繁栄を支えたのは、則天武后が見出した科挙官僚たちでした。玄宗はさまざまな改革を進めて人びとの生活の安定をはかります。また、首都長安には、多くの外国人がやってきて異文化をもたらし、はなやかで国際的な文化が開花しました。

玄宗と楊貴妃

玄宗は晩年になると政治にあきるようになりました。そしてひとりの宮女・楊貴妃(719～756)との恋愛に夢中になります。玄宗は温泉地にある離宮で楊貴妃とすごすことが多くなり、政務から遠ざかっていきました。

玄宗と楊貴妃の恋愛を題材として、唐を代表する詩人・白居易が「長恨歌」という詩をつくり、当時から流行しました。「長恨歌」はすぐに日本にも伝わり、平安時代の紫式部や清少納言の文学に影響をあたえました。

玄宗と楊貴妃がともにすごした温泉地の離宮・華清宮の跡地は、現在観光地となっている。宮殿をかたどった建物が復元され、当時の温泉の遺跡を見ることができる。

用語解説

白居易(772～846):唐代後期を代表する詩人・政治家。その詩は民衆にも親しまれ、はやく日本に伝わり愛読された。

安史の乱

楊貴妃が玄宗に大事にされると、その一族の楊国忠がのしあがって実権をにぎるようになりました。権力を独占する楊国忠に対し、国境地帯を守る軍の長官（節度使）だった安禄山（705～757）とその部下の史思明（?～761）が755年に反乱を起こします（安史の乱）。安禄山は異民族の混血児で、6種類の言語をあやつりました。その才能を買われて出世し、玄宗に重んじられていました。

安禄山は楊国忠を排除して、自らが皇帝になろうとします。15万の軍隊を率いる安禄山は怒涛の勢いで長安をめざしました。その報告が長安にもたらされると、玄宗は楊貴妃を連れて都から逃げます。ところが途中で、玄宗の近衛兵たちが、反乱の原因は楊貴妃にあるとさわぎたて、その結果、楊貴妃は殺害されました。

一方、長安を占拠した安禄山は息子に殺害されてしまいます。さらに、安禄山のあとをついだ史思明も自身の息子に殺されます。こうして反乱は息子たちに引きつがれ、8年におよびました。安史の乱を境として、唐は大きく変わることとなります。

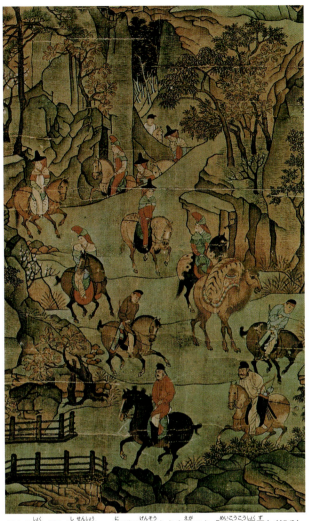

都から蜀（現・四川省）へ逃げる玄宗たちを描いた「明皇幸蜀図」（部分）。下にいる赤い服の人物が玄宗。

もっとくわしく

阿倍仲麻呂

中国で唐が繁栄したころ、日本は飛鳥・奈良・平安時代をむかえていた。日本は唐の制度や文化を取りいれるために、たびたび遣唐使や留学生を送った（→P28）。

そうした留学生のひとりに、奈良時代の貴族・阿倍仲麻呂（698～770）がいる。仲麻呂は唐で官僚となり、玄宗の朝廷につかえた。玄宗の信頼を得た仲麻呂は出世し、皇帝のそばにつかえ、政治をいさめる役職にもついた。また当時の文人（→P16）たちとも多く交流した。そのうちのひとりに、詩人として著名な李白がいる。

玄宗が晩年のころの不安定な政治のさなか、仲麻呂は帰国を決意。ところが、仲麻呂の乗った船はベトナムに漂流してしまう。その後、長安に帰り日本に帰国することなく死去した。

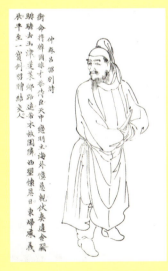

阿倍仲麻呂が故郷を思ってよんだ「天の原 ふりさけ見れば 春日なる 三笠の山に 出でし月かも（大空をふりあおいで見ると、月が出ている。あの月は、私の故郷・春日の三笠山※に出ていた月と同じ月なのだなあ）」という和歌は、百人一首にもおさめられている。
※現在の奈良県奈良市にある御蓋山をさす。
出典：菊池容斎『前賢故実』巻第二（国立国会図書館所蔵）

李白（701～762）：唐代中期を代表する詩人。生涯のほとんどを放浪し、気ままに生きた。「詩仙」ともよばれ、その詩は中国詩の最高峰とされる。

9世紀の吐蕃(→P27)との戦いで勝利した地方豪族・張議潮の大部隊を描いた壁画。張議潮は節度使に任命され、現在の甘粛省敦煌方面を支配する事実上の独立政権を打ちたてた。
写真：ユニフォトプレス

4 変わる唐の支配体制

安史の乱ののち、唐の軍隊や税の制度は大きく変化しました。一方で、皇帝たちは相次いで悲運に見舞われます。

■ 節度使と募兵制

　唐の前半期(→P4～9)は、一般農民が首都や辺境（国境地帯）を守る兵士として徴兵されていました。任務が終われば、兵士はまた農民にもどりました（府兵制）。

　安史の乱ののち、辺境防備のために設置されていた節度使（軍隊の長官）と軍隊は、国内各地にも配置されるようになりました。ところが、国内に常駐するとなると、専門の兵士が必要となってきます。そこで唐は一般農民からの徴兵をやめ、兵士を職業とする人びとを募集しました（募兵制）。

　こうして社会のなかに、兵士を職業とする人びとがあらわれ、農民と区別されることとなりました。兵士は唐から給料をもらって生活しました。唐は、100万人もの兵士に支払う給料の財源を確保しなくてはなりません。そこで、租庸調制度(→P5)を改めて、あらたな税制度を開始しました。

■ 両税法の成立

　780年、唐は両税法を制定します。それまでは均田制を通じて、唐が所有する土地を農民にわけあたえ、死亡時に返還させる制度でした。両税法では、農民が実際に所有する土地を本人の財産として認めました。そのうえで、土地の大きさに応じて税額を定め、税をおさめる時期を夏と秋の2回にしました。両税法は、のちの王朝である清のはじめごろにいたるまで、1000年近くにわたって中華帝国の税制度として存続しました。

　さらに、唐王朝は財源確保のために、人びとの生活に不可欠な塩に過大な税を上乗せして販売しました。このことが唐末期の大反乱を招くこととなります(→P12)。

用語解説
仙人：人里離れて山奥に住み、不老不死を求め、変幻自在の術をあやつるとされる人。

「藩鎮」体制

　国内各地に置かれた軍隊の長官だった節度使は、やがて地方の行政権をもにぎるようになります。節度使を頂点とする、軍事と地方行政をつかさどる組織を「藩鎮」といいます。唐国内に40～50くらいの藩鎮が置かれました。かつて安禄山一派が根拠地としていた河北地方の藩鎮は、唐の命令が行きとどかず、なかば独立した勢力でした。一方、経済的に豊かで、海塩の生産地でもあった江南の藩鎮は従順で、多くの税を中央に輸送し、唐の安定した財源となりました。これによって、唐は以後100年以上存続することができました。

もっとくわしく
ポロと球場

　ポロは、馬に乗ってスティックでボールを打ち、対戦相手のゴールをねらう競技。イギリスの伝統スポーツといわれるが、その起源は紀元前6世紀ごろのペルシア（現・イラン）とされる。中国へは唐代に伝わり、玄宗や僖宗など歴代皇帝もたしなんだ。

　ポロをおこなうには広いグラウンドが必要だが、藩鎮軍の置かれた大都市には、ポログラウンドが設けられていた。そもそもポロは、軍隊の騎馬訓練の一環としておこなわれていた。ポログラウンドは、あらたに社会の構成員となった兵士たちの宴会場や、皇帝からの命令を受ける場所としても利用された。

唐の皇族の墓の壁画に描かれた、当時のポロのようす。中国では、ポロは「撃毬」とよばれた。

悲運の皇帝たち

　安史の乱を境とする唐後半期の皇帝のなかには、悲運に見舞われた者が多くいます。仙人になろうとして秘薬を飲んで中毒死した者が3人（穆宗・武宗・宣宗）、宦官（➡第二期2巻P24）に殺害された者が2人（憲宗・敬宗）、病気で話せなくなったまま即位した者がひとり（順宗）いました。

　また、宦官によって擁立された皇帝は7人（穆宗・文宗・武宗・宣宗・懿宗・僖宗・昭宗）にもなります。いずれも、宦官が政権をにぎって皇帝権力が弱体化していたことのあらわれでした。

唐の皇族の墓の壁画に描かれた宦官。宦官の大多数は雑用を担当していたが、なかには皇帝や妃の側近にのぼりつめて権力を得る者もいた。

もっとくわしく
空海と皇帝の葬儀

　平安時代前期の僧侶・空海は、平安時代になってはじめての遣唐使（804～806年）に参加した。中国では通訳をこなすなど、非凡な才能を発揮し、遣唐使の使命に貢献した。また、首都長安で密教を学び、日本にもちかえって真言宗をひらいた。

　なお、空海が参加したときの遣唐使は、皇帝の葬儀と即位式に参加するという、日本人としておそらく唯一の体験をしている。遣唐使が滞在している805年正月に、第9代徳宗が亡くなった。遣唐使一行は喪服（当時は黒色ではなく、白色）を借りて参列した。空海はその葬儀と新皇帝・順宗の即位式に加わっていたと思われる。

空海（774～835）：平安時代を代表する僧侶で真言宗の開祖。遣唐使に加わり、長安で中国密教を伝授され、帰国後に高野山（現在の和歌山県高野町にある山）を拠点として真言宗を広めた。書道にすぐれ、「三筆」のひとりに数えられる。

密教：大乗仏教の秘密の教えという意味。インドにはじまり、中国・日本、またチベットに伝わった。

広東省広州市にある、唐代創建のモスク（イスラム教の礼拝施設、写真右）と外国人居住区の跡地。広州は唐代に貿易港として栄え、多くの外国人がくらしていた。しかし黄巣の乱で襲撃され、大きな被害を受けた。
写真：ユニフォトプレス

5 黄巣の乱と唐の滅亡
（874年～884年）

唐末期、塩の密売人・黄巣が10年にもおよぶ大反乱を起こしました。唐は国を統治することができなくなり、黄巣の部下だった朱全忠によってついに滅ぼされました。

■「塩賊」黄巣

　唐が販売する塩は高額だったため、人びとはより安い塩を求めました。塩を販売する商人たちは、不法に塩を売って利益を得ました。そうした商人は「塩賊」として取りしまりを受けましたが、商人たちもネットワークを広げて、国家の目を逃れていました。

　自然災害がたびたび起こるなか、国家の税の取り立てが厳しくなり、人びとは江南を中心に反乱を起こしました。反乱のリーダー・黄巣（？～884）は、もともとは科挙の落第者で、塩賊のボスのひとりでした。874年、黄巣は没落した農民や塩賊仲間などを集め、唐の支配に反対する大反乱集団を形成し、各地を荒らしました（黄巣の乱）。

■全国に広がる反乱

　黄巣が率いる反乱軍は、1か所にとどまることなく、略奪しては移動することをくりかえしました。そのため、鎮圧がむずかしく、反乱は長期化します。また、反乱の範囲や移動距離は長大で、南のはての広州（現・広東省広州市）にまでおよびました。広州で黄巣軍は、富の象徴だった外国の貿易商人を多数襲撃したと記録に残されています。

　のちに黄巣は北へと軍を進め、880年には首都長安を陥落させました。このときの黄巣の軍勢は60万人ともいわれています。

用語解説

李克用（856～908）：五代後唐の事実上の建国者。突厥沙陀部族出身で、もとは「朱邪」という姓を名乗ったが、祖父の時代に唐に帰順して、「李」の名前をもらった。勇猛果敢で、片目が小さかったので「独眼竜」とよばれた。彼が率いる軍隊は黒一色のかっこうで、「鴉軍」（鴉はカラスのこと）といわれ恐れられた。

乱の終結と唐の滅亡

黄巣は長安で皇帝に即位しました。ところが、黄巣の部下だった朱温（852〜912）が唐に服従します。その功績から朱温は全忠という名をあたえられ、朱全忠と名乗りました。また、北方の突厥沙陀部族の首長・李克用も唐軍に加勢したため、黄巣軍は劣勢となりました。884年、黄巣は長安を追われ、追いつめられた末に自害しました。

黄巣の乱の鎮圧に功績のあった朱全忠と李克用は争うようになり、唐皇帝を保護下に置いた朱全忠が勝利しました。907年、唐の皇帝は朱全忠に皇帝の座をゆずり、唐王朝は滅亡しました。

●唐王朝の系図

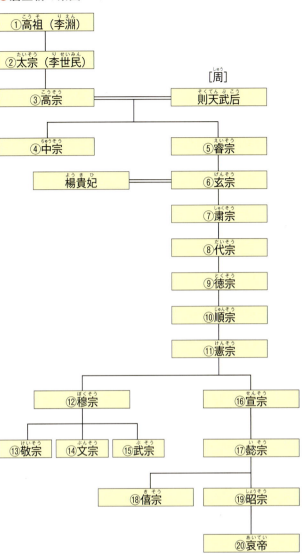

朱全忠
出典：『三才圖會』（国立国会図書館所蔵）

もっとくわしく

海からやってくる外国商人と香薬

唐の時代、大海原を乗りこえて、外国の商人が多く中国大陸にやってきた。たとえば黄巣軍に襲撃された広州の外国人には、イスラム教やキリスト教、拝火教などの教徒がふくまれていた。イスラム商人は、アラビア半島から東南アジアを経由して広州や揚州にやってきた。彼らの乗る船は「ダウ船」とよばれる独特のかたちの船だった。彼らはめずらしいお香や薬など、さまざまな海外の品物をもちこんだ。また、漢方薬の材料は東南アジア由来のものが多く、唐で整理されて薬として利用された。

ダウ船は大きな三角形の帆が特徴の木造船で、現在も中東や東アフリカなどで漁業や運送業につかわれている。

拝火教：イランなどで信仰された宗教で、「ゾロアスター教」ともいう。火や光を崇拝したのでこの名でよばれた。

河南省開封市は春秋時代（➡第二期1巻P16）からある古い都市のひとつ。五代王朝（後唐を除く）の首都となり、のちの北宋（➡P16）でも引きつづき首都として栄えた。

6 分裂する中国：五代十国時代
（907年～960年）

唐の滅亡後、中国北部では約50年間に5つの王朝が次つぎと交代します。一方、中国南部では地方国家が乱立しました。中国史上最後の大分裂時代を「五代十国時代」といいます。

中国北部の五王朝

唐を滅ぼした朱全忠は、あらたな王朝・後梁を打ちたてますが、実際には唐の4分の1ほどの領域しか支配できていませんでした。最大のライバルは突厥沙陀部族の李克用の勢力でした。李克用のあとをついだ李存勗はついに後梁を滅ぼし、後唐を開きます。

後唐は領土を広げ、中国北部を支配しましたが、契丹の援助を得た後晋に取って代わられました。このとき、後晋は契丹に「燕雲十六州」の地を分けあたえました。後晋は契丹国に滅ぼされますが、後晋に代わって、契丹国に反対する後漢が建国されました。後漢ののちは、五代最後の後周が成立しました。後周になると天下統一をめざす動きが高まり、名君・世宗が中国南部の南唐から領土を奪いましたが、若くして病死します。代わって配下の将軍・趙匡胤が皇帝に即位して、宋王朝が成立しました（➡P16）。

●燕雲十六州

燕雲十六州は幽州（現・北京市）と雲州（現・山西省大同市）を中心とする16州の地域で、現在の河北省と山西省にまたがる。
出典：亀井高孝等編『増補版 標準世界史地図』（吉川弘文館、2016年）所載図を元に作成

＊幽州一帯は、西周以来の「燕」の国にちなんで、燕ともよばれた。

用語解説

契丹：中国東北部の河川・遼河上流にくらしていた遊牧民族。耶律阿保機が遊牧民の長となると、力を強めて中国に進出し、河北の一部を支配した。

渤海：中国東北部・朝鮮半島北部を支配した国家。唐の制度を取りいれ、仏教文化が栄え、「海東の盛国」とよばれた。日本ともさかんに交流した。

中国南部の地方国家

中国南部では、10あまりの地方国家（十国）が成立しましたが、その建国者は兵卒や塩賊、職人、移民などの庶民たちでした。この時代は、こうした庶民がチャンスを得て建国する時代でした。また、地方国家の領土は、現在の中国の省の範囲と大体一致します。

後梁の成立に反対して、江南では呉が、四川では前蜀が、広東では南漢が建国されました。また、五代王朝におおむね従順だった浙江の呉越、福建の閩、湖南の楚が立国しました。

やがて呉は家臣に乗っとられて南唐となりました。南唐では文化が非常に栄えました。また、前蜀は後唐に滅ぼされましたが、後唐の将軍が自立して後蜀を建てました。なお、十国に数えられる北漢は、五代の後漢のあとを受けついだ国です。

●契丹国と五代十国

	国	年
—	契丹国	916〜1125
五代	後梁	907〜923
	後唐	923〜936
	後晋	936〜946
	後漢	947〜950
	後周	951〜960
十国	呉	902〜937
	前蜀	903〜925
	南漢	917〜971
	呉越	907〜978
	閩	909〜945
	楚	907〜951
	荊南	907〜963
	南唐	937〜975
	後蜀	934〜965
	北漢	951〜979

北方の契丹国

この時代に、遊牧民国家として契丹国（遼ともいう）が成立しました。契丹国は後晋の建国を手助けして、「燕雲十六州」を得ました。遊牧民だった契丹が、中国外の本拠地にいながら中国内の地域を支配したのです。このことは、のちの遊牧民による中国支配（金や元、清）の先駆けとなりました。

契丹国は五代王朝と戦いをくりひろげる一方、中国南部の南唐や呉越と交流しました。契丹国はこの時代の中国の歴史に大きな影響をあたえました。

もっとくわしく　一軍中に五帝あり

後唐を誕生させた李存勗（初代荘宗）の軍には、第2代皇帝となる李嗣源（明宗）がおり、李嗣源の養子・李従珂（第4代廃帝）も従軍していた。また、李嗣源の娘婿だった石敬瑭（後晋初代皇帝）もその軍勢に加わり、石敬瑭のもとには劉知遠（後漢初代皇帝）がいた。五代王朝の皇帝となる者が一軍に5人もいたのは、古今まれなことだった。

もっとくわしく　海上国家・呉越

十国のひとつ・呉越は、五代王朝には従順だったが、東アジア海域には独自の勢力を築いた。契丹と手を組み、朝鮮半島の渤海や高麗とも交流した。また、東南アジアの国ぐにの船も多く呉越にやってきた。

呉越は日本とも交流し、平安時代の貴族・藤原氏と呉越の王はとくに手紙のやりとりをしている。日本とは仏教面での交流もさかんで、呉越の王が日本に宝塔をあたえ、また日本から仏典（仏の教えを記した書物）を求めることもあった。

高麗：新羅（→第二期2巻P23）に代わって朝鮮半島を支配した国家。仏教を厚く保護し、仏教の経典をひとまとめにした『大蔵経』を刊行した。

宝塔：仏教の創始者・釈迦の遺骨をおさめるためにつくられた塔。仏教がさかんな呉越では高さ20〜30cmの小さな宝塔が数多くつくられ、日本にも贈られた。

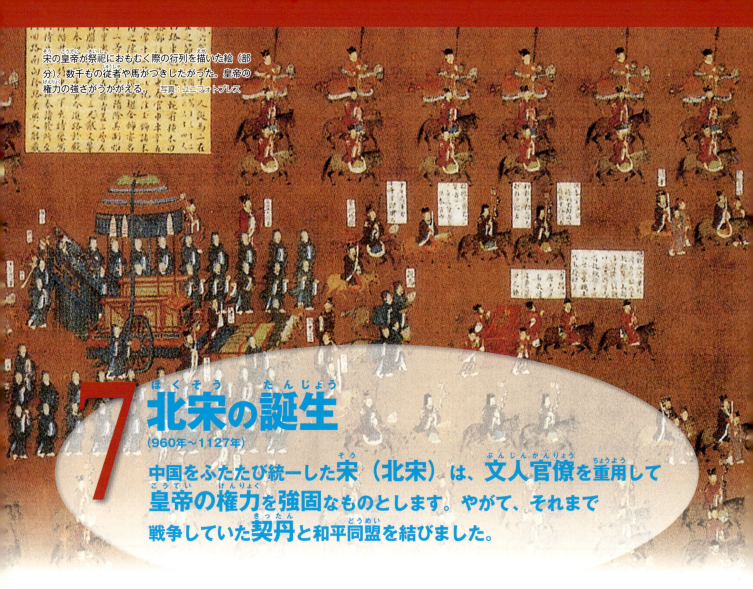

宋の皇帝が祭祀におもむく際の行列を描いた絵（部分）。数千もの従者や馬がつきしたがった。皇帝の権力の強さがうかがえる。　写真：ユニフォトプレス

7 北宋の誕生
（960年〜1127年）

中国をふたたび統一した宋（北宋）は、文人官僚を重用して皇帝の権力を強固なものとします。やがて、それまで戦争していた契丹と和平同盟を結びました。

北宋のはじまりと天下統一

　後周の名君だった第2代世宗が病死すると、その側近の将軍・趙匡胤（927〜976）が兵士たちに支持されて皇帝に即位しました。趙匡胤は都を開封（現・河南省開封市）に定め、王朝名を宋としました。のちに都を南の臨安（現・浙江省杭州市）に移すまでを、とくに北宋とよびます。

　趙匡胤（太祖）とそのあとをついだ太宗（939〜997）は、中国の再統一をめざして各国へと進軍しました。その結果、荊南・楚・後蜀・南漢・南唐を次つぎと征服します。呉越は自ら国土を宋にさしだしました。最後に北漢を滅ぼして、979年、北宋は中国統一をはたしました。

　ただ、契丹にゆずりわたした燕雲十六州は最後まで取りもどすことができず、北宋と契丹は国境で戦争を重ねました。

趙匡胤

用語解説

文人：学問をおさめ、文章が上手な知識人のこと。武人（軍人）の対になる言葉。

皇帝政治の確立と文治主義

太宗は各地の節度使がもっていた軍隊を、皇帝直属の軍へと改めました。また、将軍などの武人ではなく、科挙に合格した文人官僚を重要な役職にすえました。

太宗は科挙の改革にも着手します。科挙は厳しい試験を課して、合格した者を官僚として採用する制度です。その合格者を増やし、また最終試験に「殿試」という皇帝による直接面接を加えました。これによって、科挙に合格し官僚となった者は、皇帝と強く結びつき、その政治を支えることとなりました。

「澶淵の盟」

国境付近で毎年のように北宋と戦争していた契丹は、大々的に進軍し、黄河の北岸までやってきました。北宋の第3代真宗も黄河まで自ら出向き、両軍は対峙します。1004年、両者は「澶淵の盟」とよばれる対等な同盟を結びました。これは、北宋が毎年絹や銀を契丹に贈り、国境を維持するという内容でした。この和平は以後100年間にわたって維持され、両国は安定し、たがいに貿易をおこなうなど交流がさかんとなりました。

一方、黄河の上流にあたるオルドスにいたタングート族は、北宋と戦争を重ね、やがて西夏として独立します。北宋と西夏も同盟を結びましたが、両者の関係は安定しませんでした。

もっとくわしく
奝然の入宋

太宗と面会した日本人に、平安時代中期の僧侶・奝然（938～1016）がいる。東大寺の僧だった奝然は983年に北宋に渡り、太宗と面談し、日本の歴代天皇や地理、風俗などを紹介した。また、仏教の聖地だった五台山（→P18）を巡礼した。帰国するときに釈迦仏像をもちかえり、五台山（別名清涼山）にならって京都嵯峨に清涼寺を建てようとした。

奝然は寺の完成を見ずに亡くなったが、もちかえった釈迦仏像はのちに寺内に安置された。20世紀になって、その仏像内から絹でできた内臓の模型（五臓六腑）が発見された。これは世界最古の内臓模型とされる。その仏像は現在国宝となっている。

もっとくわしく
科挙

隋にはじまり、宋で本格的に運用された科挙は、のちの王朝・清が滅びる直前まで各王朝で絶えずおこなわれた。宋代ではおよそ3年に1度、地方での試験が開催され、その後、首都開封での中央試験が課された。殿試までの合格者は、受験者数十万人に対し数百人と、合格率0.1％前後のせまき門だった。

試験は穴埋め問題や論述など。暗記しなければならないテキストは、およそ40万字以上にものぼった。1日に200字ずつ記憶しても、6年もかかる。そのため、30代なかばでようやく合格する者も多かった。

科挙の最終試験・殿試のようす。皇帝自身が中央試験の合格者と面接した。

オルドス：西、北、東を黄河によって囲まれる場所の地名。現在の内モンゴル自治区オルドス市にあたる。明代にモンゴル族オルドス部がいたのでその名がついた。

タングート族：中国西北部で活躍したチベット・ビルマ語系の部族。9世紀より力を強め、五代のときに独立政権を樹立した。宋代になると、西夏を建国した。

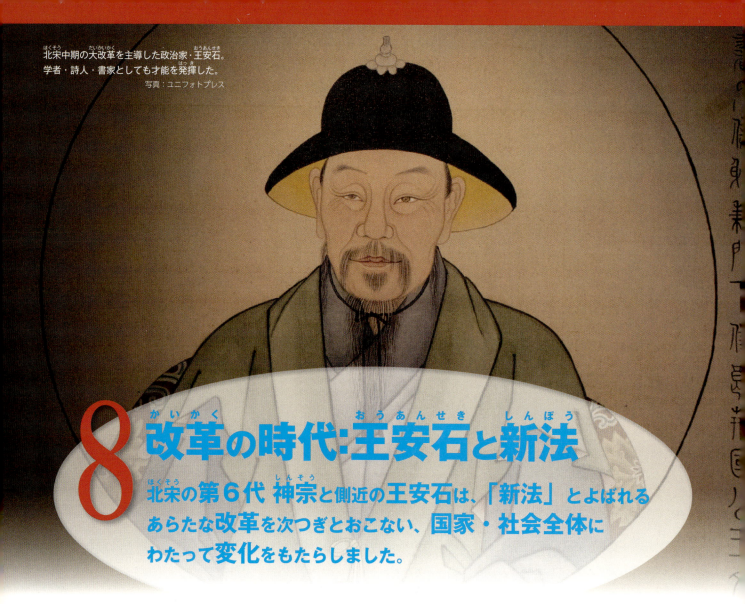

北宋中期の大改革を主導した政治家・王安石。
学者・詩人・書家としても才能を発揮した。
写真：ユニフォトプレス

8 改革の時代：王安石と新法

北宋の第6代 神宗と側近の王安石は、「新法」とよばれるあらたな改革を次つぎとおこない、国家・社会全体にわたって変化をもたらしました。

神宗の即位と王安石の登場

　北宋が中国を支配してからおよそ100年もたつと、さまざまな制度が立ちゆかなくなり、また政治もうまく進まなくなってきました。とくに西夏との戦争によって、兵士の給料や軍事費がかさみ、財政難が深刻化していました。そんなときに即位したのが第6代神宗（1048～1085）です。
　改革の意欲が強い神宗は、同じ志をもつ政治家・王安石（1021～1086）を側近に大抜擢しました。当時、王安石はいち地方官でしたが、国の財政難を解消することを主張していました。そのことを聞いた神宗は王安石を評価し、意気投合した2人は次つぎと新しい改革を断行していきました。王安石がおこなった一連の改革を「新法」といいます。

神宗

用語解説

天台山：浙江省にある仏教の名山。隋の時代の中国で天台宗が誕生し、天台山はその総本山となった。空海（➡P11）とともに遣唐使に加わった最澄（➡P29）は天台山で学び、日本にもちかえって天台宗を広めた。

五台山：山西省にある仏教の名山。唐代に不空三蔵が五台山で文殊菩薩信仰を広めて以降、アジアにその名が広まった。多いときには5つの山やまに300もの寺院がならんだ。日本からは円仁・奝然（➡P17）・成尋が巡礼した。

王安石の新法

宰相となった王安石は、中国全土を十分に調査したうえで、新しい制度を立て続けに成立させました。改革は、農村や農業、都市や商業といった庶民にかかわるものから、財政や官僚制度、学校や科挙制度といった国の中枢にかかわるものにまでおよびました。王安石の新法は、国家と社会を対象とした一連の総合的改革でした。

新法は成果をあげましたが、それまで利益を得ていた官僚や大商人などの特権階層を抑制する内容をふくんでいたため、そうした人びとからは反対されました。新法を支持する官僚を「新法派」、反対してもとにもどそうとする官僚を「旧法派」といいます。

神宗が若くして亡くなると、旧法派が力をもつようになり、それまでの新法をほとんど廃止します。ところが、第7代皇帝が新法を支持すると、また新法が復活しました。新法・旧法の交代がくりかえされた結果、北宋末期に政治的混乱が起こり、北宋は滅亡へと向かうことになります。

●新法のおもな内容

分類	法	内容
農村・農業関連	青苗法	作物を植える時期に、農民に安い利子で種もみや資金を貸し、収穫時に返済させた。農民の生産力の増強と、政府の財源確保をねらった。
農村・農業関連	募役法	農民に対する労役を免除する代わりに免役銭をおさめさせ、労役が免除されていた者（官僚の実家や寺など）からは助役銭を集めた。これを元手にして、労役に従事する希望者を募集し、給料を支払った。
商業関連	均輸法	政府が各地の特産物を買いあげ、それを不足しているところで販売し、政府の利益をあげようとした。
商業関連	市易法	中小商人に低金利で営業資金を貸すなどして保護し、大商人の利益独占をおさえようとした。
軍事関連	保甲法	農作業のひまな時期に農民を訓練し、ふだんは治安維持にあたらせるとともに、戦争時には補助戦力となるように備えた。
軍事関連	保馬法	農民に政府の馬を飼育させ、ふだんは農耕馬、戦争時には軍馬としてつかえるようにした。

もっとくわしく 神宗と成尋

神宗の時代、北宋に渡った成尋（1011〜1081）という日本僧がいた。天台宗の僧侶だった成尋は、天台山や五台山を巡礼し、神宗に謁見した。そのころ北宋では日照りが続いていたため、神宗は成尋に雨乞いを依頼する。彼の神通力が通じて、3日後にみごとに雨がふった。成尋は神宗に望まれて都の開封に滞在し、そのまま死去した。

なお、成尋の母は、息子の北宋への出立をうたった歌集で有名な成尋阿闍梨母である。

もっとくわしく 蘇軾とトンポーロー

旧法を支持した政治家のひとりに、蘇軾という人物がいる。彼が地方官だったとき、庶民が食べる安い豚肉をおいしくするために考案したとされるのがトンポーロー（東坡肉）。当時、高級な肉といえば羊肉で、安いのは豚肉だった（牛肉はタブーとされていた）。蘇軾の文人としての名前「蘇東坡」が料理名の由来。ブロックの豚バラ肉をやわらかく煮こんだ料理で、今でも中華料理店で食べることができる。

中国の豚の角煮・トンポーロー。蒸しパンにはさんで食べてもおいしい。

蘇軾（1037〜1101）：宋の文人官僚・詩人。父と弟とともに「三蘇」とよばれる。王安石の新法に反対して左遷されるが、旧法派が実権をにぎると中央政府にもどり、重職をになった。その後も浮き沈みをくりかえすが、すぐれた詩を多くつくった。

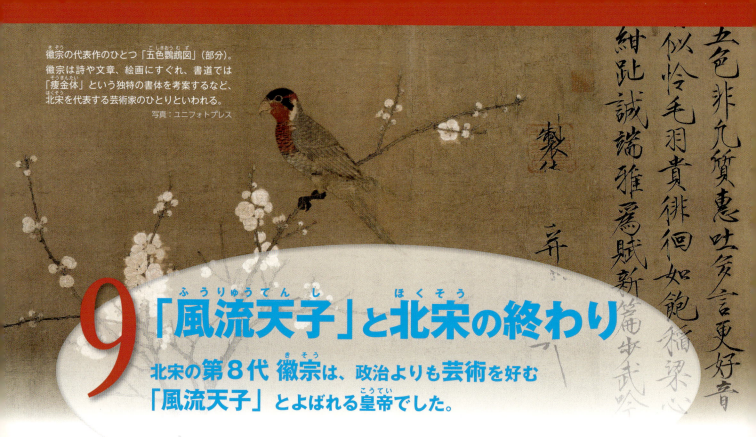

徽宗の代表作のひとつ「五色鸚鵡図」(部分)。徽宗は詩や文章、絵画にすぐれ、書道では「痩金体」という独特の書体を考案するなど、北宋を代表する芸術家のひとりといわれる。
写真：ユニフォトプレス

9 「風流天子」と北宋の終わり

北宋の第8代 徽宗は、政治よりも芸術を好む「風流天子」とよばれる皇帝でした。

徽宗の即位

1100年、神宗の息子・徽宗（1082〜1135）が第8代皇帝として即位しました。ところが、徽宗は即位前から「道楽者」といわれた人物でした。徽宗に取りいり、権力を独占した宰相・蔡京は新法を支持し、旧法派を粛清しましたが、やがて自らに反対する新法派まで弾圧するようになりました。反対者がいなくなった蔡京は、自分のやりたい放題に政治をおこなうようになりました。

一方、徽宗は政治よりも、愛好する書道や絵画に熱中しました。徽宗は画院をつくり、骨董品を集め、全国から収集しためずらしい動植物をおさめる宮殿や庭園まで造営しました。

そうしたなか、中国東北部では、契丹から独立した女真族が金を建国します。金は北宋に対し、ともに契丹を攻撃するようもちかけてきました。金と北宋は密約を結んで契丹を攻め、金が契丹の首都を陥落させます。ところが北宋側が契丹の生き残りの軍と手を組んで金を攻めたりするなど、金との約束を何度も破ったため、金は北宋への進軍を本格的に開始しました。

徽宗

用語解説

画院：宮廷に置かれた画家組織で、画家を養成した。徽宗の指導のもとで、すぐれた作品がつくられ、写実的な花鳥・山水を描く「院体画」が形成された。

女真族：中国東北部に住んでいた、狩猟と農耕を営むツングース族の一派。12世紀には金王朝を建てて中国北部を支配し、また17世紀には清王朝を建てた。

徽宗の退位と靖康の変

　事態をしずめるために徽宗は退位しましたが、金軍は首都開封にせまりました。徽宗や蔡京はすぐに開封から逃げだし、新しい皇帝（徽宗の長男・欽宗）によって金軍と講和条約が結ばれました。その後、徽宗は開封へもどりましたが、蔡京などは流罪となり、処刑される者もいました。

　その後、北宋が契丹の残存勢力と手を結ぼうとしたことが発覚し、金軍はふたたび北宋に総攻撃を加えました。1か月あまりの激戦のすえ、開封は陥落し、宮殿の財宝は略奪され、徽宗・欽宗とその一族は捕虜となります。徽宗たちは中国のはるか北方へと連行され（靖康の変）、そこで開封での優雅な生活とはほど遠い、さびしい生涯を終えることとなりました。こうして、北宋150年の歴史は幕を閉じました。

馬に乗り、武器を手にする女真族の武人をあらわした像。　写真：ユニフォトプレス

もっとくわしく

『水滸伝』

　北宋末期、黄河のほとりにある巨大な湿地「梁山泊」で、宋江という人物が反乱を起こした。この歴史上のできごとをもとにつくられたのが、『水滸伝』という物語。物語では、宋江をはじめとする108人の英傑が梁山泊に集結し、史実とは逆に、北宋を救うために立ちあがる。当初は街角で講談（→P30）として庶民に親しまれ、明代に現在のかたちにまとめられた。

『水滸伝』は、日本でも翻訳書や、アレンジを加えた創作小説などが多く出版されている。写真は翻訳書のひとつ。
施耐庵著・松枝茂夫訳『水滸伝』上巻（岩波書店）

2011年に制作された中国のテレビドラマ「水滸伝」。
「水滸伝」DVD-SET1〜7　各5,000円＋税
発売元：NBCユニバーサル・エンターテイメント　※2018年1月現在

梁山泊：山東省西部にある沼沢地。五代のころからこの名でよばれ、北宋末期には宋江がここを拠点に反乱を起こした。これをモデルに『水滸伝』が生まれ、梁山泊は「英雄・豪傑の集まる場所」という意味をもつようになった。

浙江省杭州市は、南宋時代には「臨安」という名前の首都だった。杭州市にある六和塔は、北宋時代に建立、南宋時代に再建された塔で観光名所のひとつ。塔内部は南宋時代当時の7階建てで、清末期に13層の外装がつくられた。

10 南宋のはじまり
(1127年〜1279年)

靖康の変ののち、首都開封を追われた皇族・高宗が即位し、南宋王朝が成立しました。南宋は宰相・秦檜主導のもとで、金と講和条約を結びます。

高宗の即位と南への移動

北宋の徽宗や欽宗をはじめとする皇族が金によって中国北方に連行されたとき、難を逃れた欽宗の弟・高宗 (1107〜1187) は、北宋の軍隊や義勇軍を集めて、宋の再建をめざして即位しました。これが南宋のはじまりです。しかし、総攻撃してくる金軍を避けるために、高宗は南へと避難し、杭州にたどりつきました。はじめは杭州を臨安という名に改めて臨時の滞在場所としていましたが、やがて南宋の都に定めました。

そのとき、金に連行されていた秦檜 (1091〜1155) という人物が突然、南宋に帰ってきました。金の内部事情をよく知る秦檜は高宗に喜ばれ、宰相となりました。秦檜は、金との戦争を主張する人たちをおしのけて、和平を主張しました。

中国有数の観光地・西湖（杭州市）。南宋時代には西湖の美しい景色が多く絵に描かれ、のちの時代も詩や絵の題材とされた。2011年に世界文化遺産に登録されている。

用語解説

義勇軍：戦争の際に、人びとが自発的に組織した軍隊のこと。

紹興の和議

　高宗のもとには、金と戦うべきだと考える者が多くいました。将軍・岳飛もそのひとりでした。金との和平を進めたい秦檜は、ついには岳飛を毒殺します。そして1142年、金とのあいだで講和条約が結ばれました（紹興の和議）。条約のおもな内容は、次のとおりです。

- 淮河を国境線として、北を金、南を南宋の領土とする。
- 南宋は銀や絹を毎年、金に贈る。
- 南宋皇帝は金皇帝に臣下の礼をとる。

　このように、南宋にとって不利な内容でしたが、これ以後、両国は平和な状態が長く続きました。
　条約が成立すると、その立役者だった秦檜は、宰相として17年ものあいだ独裁政治をおこないました。後世では批判されることが多い秦檜ですが、国際関係を安定化させ、以後の南宋安定期の基礎を築いた人物でした。

もっとくわしく　朱熹と朱子学

　秦檜が独裁政治をおこなっていたときに科挙に合格した人物に、朱熹（1130〜1200）がいる。朱熹は合格後、地方官を歴任して業績をあげる一方で、それまでの儒教思想をまとめあげた。その学問は「朱子学」といわれ、中国王朝だけでなく、のちの朝鮮王朝や江戸幕府などから正統な儒学として認められた。

朱熹　　出典：『歴代君臣圖像』（国立国会図書館所蔵）

もっとくわしく　救国の英雄・岳飛

　岳飛（1103〜1142）は北宋末期に農家に生まれたが、幼いころから勉学にはげみ、教養をもった武人だった。20歳で義勇軍に参加し、金軍や反乱軍討伐に次つぎと功績をあげた。率いる軍隊はきわめて規律正しく、「岳家軍」とよばれた。高宗からも厚く信頼されていたが、最後まで金との徹底抗戦を選んだために、和平を進める秦檜の手によって最後は毒殺された。後世の人びとからは救国の英雄として親しまれている。

金軍と戦った南宋の勇猛な武将4名を描いた「中興四将図」。それぞれが従者をひとりずつ連れている。8人中、左から2人目が岳飛。

写真：ユニフォトプレス

朱子学：南宋の朱熹が儒学をまとめあげた新しい学問を朱子学とよぶ。明や清の時代には国家の保護を受け、朝鮮や日本にも広く受けいれられた。

湖北省襄陽市には、南宋とモンゴル軍の重要な戦いの場となった襄陽城がある（現存する城壁などは明や清の時代に修築されたもの）。写真は城内にある鐘楼で、現在は博物館となっている。

11 南宋の滅亡

高宗以後、南宋は安定しますが、権力を独占する宰相が続出しました。一方、中国北方のモンゴル高原では大モンゴル国（モンゴル帝国）が台頭し、やがて南宋を攻めほろぼします。

宰相の独裁

高宗以後の時代は暗愚な皇帝が多く、その一方で秦檜のように皇帝になりかわって権力を独占する宰相が続きました。自分に反対する学者や政治家を排除したり、手柄のために金に対して無理やり戦争を起こしたりといった具合でした。なかには、30年近くものあいだ権力をふるった宰相もいました。また、さしせまった戦況を皇帝の耳に入れず隠ぺいしようとした者もいました。それでも、南宋の中期以降は、比較的おだやかな世の中が続いていました。

もっとくわしく
栄西と臨済宗とお茶

日本の僧侶・栄西（1141〜1215）は、南宋の中期に2度、中国に渡った。帰国するとき、栄西はのちの日本に大きな影響をあたえるものを2つもちかえった。ひとつは臨済宗。中国の禅宗のひとつだった臨済宗を日本に広めた。臨済宗は、鎌倉や室町幕府に保護された。臨済宗の寺院として、京都の南禅寺や金閣寺が有名である。

もうひとつはお茶。お茶は平安時代初期には日本に伝わってはいたが、栄西によって本格的に広まった。栄西がもちかえった茶の種は京都の栂尾で植えられた。その後、宇治にも植えられ、宇治茶は全国的に広まった。また、栄西はお茶の飲み方だけでなく、お茶による健康法も伝えた。

用語解説
禅宗：インド僧ダルマを開祖とする仏教の一派。禅（瞑想）や座禅による修行をおこなう。宋代に中国で流行し、そのとき日本からやってきた栄西（臨済宗）や道元（曹洞宗）によって、日本に広められた。

モンゴルの台頭と襄陽の戦い

時代が変わるきっかけは、中国北部を支配する金よりもさらに北方のモンゴル高原からもたらされました。チンギス・カン率いるモンゴル軍の台頭です。

チンギス・カンのあとをついだ息子・オゴデイ（1186〜1241）は、1234年に金を攻めほろぼしました。チンギスの孫・フビライ（1215〜1294）が即位すると、南宋の攻略に本格的に取りくむようになります。モンゴル軍が南宋攻略の重要な拠点と見た襄陽城は、南宋にとっても重要な防衛拠点であり、難攻不落の城でした。その襄陽城で、5年にもおよぶ攻防戦がくりひろげられました。

やがて、モンゴル軍が導入した「回回砲」という大砲によって、襄陽城は陥落しました。襄陽から長江中流域に進軍したモンゴル軍は、長江を一気に下り、南宋の首都臨安へとせまりました。

フビライ

南宋の最後

危機せまる臨安に、かつて科挙に首席合格した軍人・文天祥（1236〜1282）が義勇軍を連れてやってきましたが、情勢は大きくは変わりませんでした。文天祥は講和条約の交渉役としてモンゴル軍におもむきますが、とらえられてしまいます。1276年、臨安はモンゴル軍によって占拠され、南宋は実質的に滅亡しました。

南宋の残された重臣たちは、幼い皇帝をおしたてて南の広東にまで落ちのびましたが、モンゴル軍の追撃を防ぐことはできませんでした。1279年、皇帝は海に身を投げ、南宋は完全に滅亡しました。

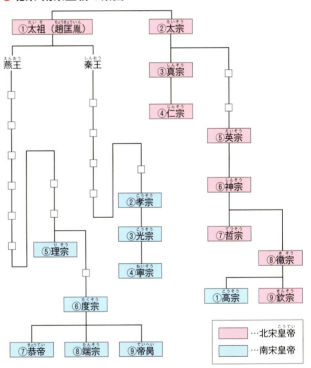

●北宋・南宋王朝の系図

もっとくわしく

文天祥のその後

和平交渉におもむきモンゴル軍にとらえられた文天祥は、その後脱出して各地でゲリラ戦を続けたが、ふたたびモンゴル軍につかまってしまう。彼の才能を高く評価したフビライは、モンゴルにつかえるように何度も説得したが、文天祥は宋に忠義をはたすため、首をたてにふらなかった。

2年のあいだ獄中につながれても志を曲げることなく、ついに文天祥は処刑された。忠義をつくすその姿は、約600年後の日本の幕末志士たちにも愛された。

チンギス・カン（1162ごろ〜1227）：大モンゴル国（モンゴル帝国）の創始者。モンゴル族を統合して勢力をのばし、有能な兄弟・息子たちに軍を率いさせて征服し、ユーラシア大陸にまたがる国家を打ちたてた。

回回砲：投石器の一種で、モンゴル軍によって城攻めの道具として中国にもたらされた。襄陽の戦いで実戦投入された。

変わる国際社会

7世紀に誕生した唐は、約300年ものあいだ「大唐帝国」として栄華をきわめました。しかし、そうした状況は、他の強大な国ぐにの登場によって変化をむかえます。

唯一の帝国・大唐帝国

「天に2つと太陽はなく、地上に2人と皇帝はいない*」。この言葉に示されるように、唐の皇帝はただひとりの世界の支配者であるとし、大唐帝国は世界の中心として君臨しました。太宗が天可汗の称号を得たのも、そのあかしです。

まわりの国ぐにには、大唐帝国に対して、自国の特産品を中心とする物産を献上しました（朝貢）。大唐帝国はそれらの国に対して、服属のあかしとして国王号をさずけました（冊封）。たとえば、朝鮮半島の新羅は毎年のように唐に貢ぎ物を送り、君主に新羅国王号がさずけられていました。

当時の日本も、大唐帝国に銀や絹を貢ぎ物としておさめました。そのための使節が遣唐使です。とくに、白村江の戦い（→P7）以後の遣唐使は、正月におこなわれる朝賀の儀礼に間に合うように派遣されていました。ただ、唐は、日本が遠い国であるとして、遣唐使の派遣はおよそ20年に1回でよいと定め、日本は冊封されませんでした。

*儒教の経典『礼記』に孔子の言葉として記されている。

唐代の壁画。唐の官僚（左の3人）が、外国からの使者（右の3人）を皇帝のもとへ連れていくようすを描いている。大唐帝国と外国との関係がうかがえる史料である。

●唐と周辺の国ぐにの関係

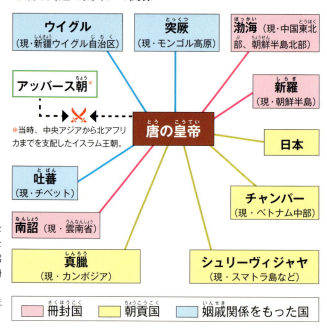

*当時、中央アジアから北アフリカまでを支配したイスラム王朝。

「朝貢」は、中国の周辺国の支配者が、中国皇帝に対して正式な外交文書をつくり、使者と貢ぎ物を送ること。中国は朝貢国に対して、数倍の返礼をあたえた。「冊封」は、中国皇帝が朝貢国に対して位や返礼品をあたえて君臣関係を結ぶこと。冊封された国は原則として朝貢の義務があったが、冊封されていない国も朝貢することは認められていた。

出典：木村靖二等監修『山川 詳説世界史図録』（第2版）（山川出版社、2017年）所載図を元に作成

用語解説
朝賀：正月元旦などに、皇帝に面会する儀礼。唐代では、皇帝が太極宮という宮殿の玉座に座り、全官僚や外国使節が宮殿前の広場に参列した。参列者は3000人以上にのぼった。

対等な国家の登場

　唯一の帝国だった大唐帝国も、9世紀ごろを境としてかげりを見せ、まわりの国ぐにが台頭するようになりました。

　チベットで誕生した吐蕃は、8世紀には強大な勢力となり、やがて大唐帝国と戦争を続けるようになりました。吐蕃の軍勢が、首都の長安にせまる事態まで生じました。9世紀には両国は講和し、たがいに盟約文を取りかわし、対等な同盟を結びました。その盟約文は石碑に刻まれて、両国の首都に建立されました。チベット側の石碑は現在でも残っています。また、大唐帝国と吐蕃は、それぞれウイグルとも同盟しました。

　こうして、「世界の中心にある唯一の存在」だった大唐帝国は、「世界にある帝国のひとつ」となりました。大唐帝国に匹敵する対等な国家が東アジアの各地に誕生してきたのです。

ならびたつ帝国

　宋代になると、契丹国や金など、中国を一部支配する帝国も登場しました。宋は契丹国や金と、たがいの皇帝を認めあって対等な同盟を結びました（ただし金と南宋の場合、金が優位に立った）。たがいに盟約文（誓書）を取りかわし、国境を定めて侵略しないことを約束しました。まわりの国ぐには、どの帝国と関係を築くかを選択しながら、国際関係を結んでいきました。

　このように、唐から宋にかけての国際社会は、唯一の帝国が世界の中心に君臨する時代から、対等にならびたつ帝国がせりあうなかで和平が保たれる時代へと変化していきました。

チベット自治区のラサにあるトゥルナン寺には、唐と吐蕃の同盟のあかしの石碑「唐蕃会盟碑」（写真左）が残されている。

吐蕃：7世紀はじめにチベットに誕生した国家。しばしば唐と戦争し、一時は唐の都である長安にまでせまった。

ウイグル：トルコ系遊牧民族のひとつ。8世紀ごろからモンゴル高原に国家を築いた。

変わる日中交流

中国で**唐**や**宋**が栄えた時代、日本では**飛鳥・奈良・平安・鎌倉**へと時代が移りかわっていきました。この時代の**日中交流**は、君主間の政治的な関係から、**民間の貿易**がメインとなっていきました。

遣唐使の時代から海商の時代へ

奈良・平安時代には、日本は大唐帝国におよそ20年に1度、遣唐使を派遣しました。リーダーである大使に選ばれることは、たいへんな栄誉とされました。また、メンバーには留学生も加わり、唐の制度や文化、仏教を学びました。唐に渡った著名な人物として、阿倍仲麻呂（➡P9）・吉備真備・橘 逸勢・空海（➡P11）・最澄などがいます。また、2004年に中国で発見された墓誌によって、「日本国の井真成」という留学生がいたことがあらたに知られるようになりました。これは、現存する墓誌で「日本」の国名を記す最古のものです。

ただ、平安時代になると、遣唐使の海難事故が増えるようになり、派遣間隔もより長くなりました。自身も大使に任命されながら、いくことを拒否した菅原道真は、894年に遣唐使派遣を停止させます。その一方で、9世紀ごろから、民間の貿易船が日本・朝鮮・中国を行き来するようになりました。船には海上貿易をおこなう商人（海商）が乗りこみ、さまざまな物資を運びました。10世紀以降、多いときは毎年のように、日本へ中国からの貿易船が来航しました。

公姓井字真成國号日本
（姓は井、字*は真成、国は日本といった。）

＊中国などで成人男性が本名以外に用いた名前。本名を他者に知られることをきらう風習から生まれた。

井真成の墓誌に書かれていた文字。「墓誌」とは、死者の名前や経歴を墓石などに記したもの。井真成について、生来優秀で、唐の朝廷につかえて活躍したが、思いがけない病気で若くして亡くなったと書かれている。

写真：ユニフォトプレス

用語解説

吉備真備（693?～775）：奈良時代の政治家。遣唐使の一員として中国に留学し、唐の制度や文化を多く学んで日本にもちかえった。のちに遣唐副使としてふたたび中国におもむいた。

橘 逸勢（？～842）：平安時代に遣唐使の一員として空海・最澄とともに中国に渡り、琴と書を学んだ。「三筆」のひとりに数えられる。

日宋貿易

　平安貴族が中国からの貿易船に買いもとめたものは、「唐物」とよばれるめずらしい物品でした。東南アジア産の丁子や沈香などのお香は、薬としても珍重されました。中国江南の「秘色」とよばれた上等の陶磁器や、中国東北産のテンの毛皮も愛好されました。平安貴族たちは、こうした舶来品で貴族らしさをアピールしました。

　唐物としてめずらしいものに、異国の動物もふくまれました。藤原道長の屋敷では、クジャクが飼われていました。また、口まねするオウムに貴族は驚いたといいます。宇多天皇は中国の唐猫を大切にしました。このように、平安貴族の生活は異国のものであふれていたのです。

　日本の物品が中国に運ばれることも、少ないながらありました。美術品としては日本産の扇や刀があります。また、もともとは中国の技術だった螺鈿や蒔絵の木器が中国にもたらされました。日本産の木材は、中国の高級棺桶として利用されました。また、硫黄は、宋が西夏との戦争で用いる火器の火薬の原料として、中国に運ばれました。

中国の寺院から出土した「秘色」。唐代末期から五代にかけてさかんにつくられ、国外にも多く輸出された。　写真：ユニフォトプレス

平安時代の女流作家・清少納言は、随筆『枕草子』のなかでオウムについてふれている。

丁子は、熱帯地域に育つチョウジノキのつぼみを乾燥させたもので、「クローブ」ともよばれる。古くから香料や薬などとして用いられてきた。　撮影：著者

最澄（767〜822）：平安時代の僧侶で日本の天台宗の開祖。空海とともに遣唐使の一員として留学し、天台山で仏教を学んだ。帰国後は比叡山（現在の滋賀県大津市にある山）を拠点として天台宗を広めた。

菅原道真（845〜903）：平安時代の政治家・学者。遣唐大使に任命されたが、唐の混乱などを理由に遣唐使派遣を停止させた。

変わる人びとの生活

唐代では、都市にくらす人びとは壁に囲まれた居住区で生活していました。宋代にはそうした壁がなくなったことで、人びとが囲いのなかからどっとあふれだし、都市全体にそのエネルギーが充満しました。

都市の変化

唐代都市の代表である長安では、碁盤の目のように道路が走っていました。道路で区画された空間を「坊」といい、都市に住む人びとは、この坊のなかに家を建てました。坊は壁に囲まれていて、出入りするための門がありました。門は日の出前に開き、日没時には閉ざされました。そのため、住民は門限のある生活を送っていました。また、市場は西市・東市として決まった場所に置かれていました。

唐の後半から宋代になると、こうした都市の規制がゆるみだします。坊の壁がこわされて、道路に家や店があふれるようになりました。酒や食事を出す酒楼（レストラン）も軒をならべるようになります。門限の意味がなくなり、夜間も営業する店が増えました。また、大道芸や影絵、動物芸が見られる娯楽施設もできました。街角では、怪談や恋愛、歴史ものの講談がおこなわれ、民衆が集まりました。

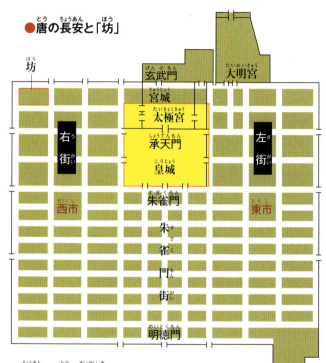

●唐の長安と「坊」

長安は、唐の最盛期には100万人以上の人がくらす国際都市として発展。整然とした区画は、日本の都づくりの手本となった。

出典：木村靖二等監修『山川 詳説世界史図録』（第2版）（山川出版社、2017年）所載図を元に作成

宋の首都開封のにぎわいを描いたとされる「清明上河図」（部分）。画像中央あたりの大きな建物は酒楼。囲みの部分は、講談のようすを描いたとされている。

用語解説

講談：歴史上のできごとや物語を、観衆におもしろおかしく語って聞かせる話芸。

くらしの変化

宋代になると、石炭を精錬したコークスが利用されるようになりました。高温の火力が出せるようになり、調理方法に中華料理の醍醐味である「炒める」が加わりました。また、おもに契丹から羊が輸入され、高級な食肉として調理されました。なお、庶民がふだん口にしたのは、豚肉や鶏肉でした（牛肉はタブーとされた）。

印刷技術も向上し、書物が多く印刷・出版されました。人びとが書物を手に取って知識を得る機会も増えていきました。

また、唐代ではゴザをしいて正座やあぐら座で生活していましたが、宋代ではいすに座る生活となりました。その影響で、家の窓の位置が高くなったといわれています。

充実する都市機能

都市に酒楼や商店、娯楽施設などが増えてくると、そこに集まるさまざまな人びとも増えていきます。そのなかには、身寄りのない老人や子どもなどもふくまれました。そこで、宋代にはそうした人びとを救済する施設も設置されるようになりました。老人や子どもを保護する施設、病人を収容する施設や、安い価格で薬を提供する薬局などが、国の政策として設置されていきました。また、都市の郊外には、身寄りのない人びとの公共墓地も置かれました。

南唐（→P15）の役人・韓熙載が開催した宴会のようすを描いた「韓熙載夜宴図」（部分、模写したもの）。いすに座る人物が描かれている。宋代には、いすでの生活が一般的となった。

コークス：石炭を蒸し焼きにして、燃焼のさまたげとなる成分を除いた燃料。木材資源の減少によって利用が進んだ。中国の山西省などで採掘され、陶磁器づくりや製鉄にも利用された。

この本に出てくる地名地図

①唐（→P4〜13、26、27）

②五代十国時代（→P14）

燕雲十六州

③宋（北宋、→P16〜21）

④宋（南宋、→P22〜25）

出典：亀井高孝等編『増補版 標準世界史地図』（吉川弘文館、2016年）所載図を元に作成

13世紀までの中国の年表

年	できごと
618年	隋王朝が滅亡。隋の軍人だった李淵が即位し（高祖）、唐王朝が誕生する（➡P4）。
626年	李淵の次男・李世民が兄弟を殺害し（玄武門の変）、2か月後に第2代皇帝として即位（太宗）。太宗の治世は「貞観の治」とよばれる（➡P4、5）。
663年	第3代皇帝（高宗）の時代、唐・新羅連合軍と百済・倭連合軍が朝鮮半島の白江河口で激突（白村江の戦い）。唐・新羅軍が圧勝する（➡P7）。
690年	高宗の死後、皇后の則天武后が皇帝に即位し、国号を周とする（➡P6）。
712年	唐の第6代皇帝が即位（玄宗）。この時期、唐は黄金期をむかえ、玄宗の治世は「開元の治」とたたえられた（➡P8）。
755年	節度使の安禄山と史思明が反乱を起こす（安史の乱）（➡P9）。
780年	唐が両税法を制定する（➡P10）。
874年〜884年	塩の密売人・黄巣が大反乱を起こす（黄巣の乱）。黄巣は880年に首都長安を陥落させるが、元部下・朱全忠に敗れる（➡P12、13）。
907年	朱全忠が唐から帝位をゆずられ、唐王朝が滅亡。中国北部では5つの王朝が次つぎと交代し、南部では10あまりの地方国家が誕生する（五代十国時代）（➡P13、14、15）。
916年	モンゴル高原東部に、遊牧民国家・契丹国が成立（➡P15）。
936年	五代王朝のひとつ・後晋が、契丹に「燕雲十六州」を分けあたえる（➡P14）。
960年	五代王朝の後周の将軍・趙匡胤が皇帝に即位し、宋（北宋）を建国する（➡P16）。
979年	北宋が中国を統一する（➡P16）。
1004年	北宋と契丹国が「澶淵の盟」を結ぶ（➡P17）。
1067年〜1085年	北宋の第6代皇帝（神宗）のもとで、王安石が「新法」とよばれる改革をおこなう（➡P18）。
1100年〜1126年	北宋の第8代皇帝（徽宗）のもとで、蔡京が権力を独占する（➡P20）。
1115年	中国東北部で女真族が金を建国する（➡P20）。
1127年	金軍が北宋の首都開封を陥落させ、徽宗や第9代皇帝（欽宗）を連行。北宋が滅亡する（➡P21）。欽宗の弟が宋の再建をめざして即位し（高宗）、南宋王朝が成立する（➡P22）。
1142年	南宋と金とのあいだで講和条約（紹興の和議）が結ばれる（➡P23）。
1206年	モンゴル高原で大モンゴル国（モンゴル帝国）が成立。1234年に金を滅ぼす（➡P25）。
1276年	モンゴル軍が南宋の首都臨安を占拠する（➡P25）。
1279年	南宋最後の皇帝が死亡し、南宋が完全に滅亡する（➡P25）。

ことがらさくいん

あ行

- 安史の乱 ……… 9, 10, 11, 33
- イスラム教 ……………… 12, 13
- ウイグル …………………… 26, 27
- 燕雲十六州 …… 14, 15, 16, 32, 33
- 塩賊 ………………………… 12, 15
- オアシス国家 ……………………… 5

か行

- 回回砲 ………………………………… 25
- 開元の治 …………………………… 8, 33
- 画院 ………………………………… 20
- 科挙 …… 6, 8, 12, 17, 19, 23, 25
- 唐物 ………………………………… 29
- 漢 …………………………………… 7
- 宦官 ………………………………… 11
- 契丹（民族） ………… 14, 15, 16, 17, 20, 21, 31, 33
- 契丹国（国） …… 14, 15, 27, 32, 33
- 義勇軍 ……………………… 22, 23, 25
- 旧法 ………………………………… 19
- キリスト教 ………………………… 13
- 金 ……………… 15, 20, 22, 23, 24, 25, 27, 32, 33
- 均田制 ……………………………… 5, 10
- クーデター ………………………… 4
- 百済 ……………………………… 5, 7, 33
- 荊南 ……………………………… 15, 16, 32
- 元 …………………………………… 15
- 遣唐使 ………………… 9, 11, 18, 26, 28, 29
- 玄武門の変 ………………………… 4, 33
- 呉 …………………………………… 15, 32
- 後漢 …………………………… 14, 15, 32
- 後宮 ………………………………… 6
- 高句麗 ……………………………… 5, 7
- 後周 …………………… 14, 15, 16, 32, 33
- 後蜀 …………………………… 15, 16, 32
- 後晋 …………………………… 14, 15, 32, 33
- 黄巣の乱 ……………………… 12, 13, 33
- 講談 ………………………………… 21, 30
- 後唐 …………………………… 12, 14, 15, 32
- 高麗 ………………………………… 15, 32
- 後梁 …………………………… 14, 15, 32
- 呉越 …………………………… 15, 16, 32
- コークス …………………………… 31
- 五岳 ………………………………… 7
- 国分寺 ……………………………… 7
- 五代 …… 14, 15, 17, 21, 29, 32, 33
- 五台山 …………………… 17, 18, 19
- 五代十国時代 ………………… 14, 32, 33

さ行

- 冊封 ………………………………… 26
- 十国 …………………………… 15, 32
- 周 ………………………………… 6, 33
- 儒教 ………………………………… 23
- 朱子学 ……………………………… 23
- 『貞観政要』 ………………………… 5
- 貞観の治 ……………………… 5, 33
- 紹興の和議 ………………………… 23, 33
- 女真族 ………………… 20, 21, 32, 33
- 新羅 ……………… 5, 7, 15, 26, 32, 33
- 秦 …………………………………… 7
- 清 ………… 10, 15, 17, 20, 22, 23
- 新法 …………………… 18, 19, 20, 33
- 隋 ………………… 4, 5, 17, 18, 33
- 『水滸伝』 …………………………… 21
- 西夏 ……………………… 17, 18, 29, 32
- 靖康の変 ……………………… 21, 22
- 節度使 ………………… 9, 10, 11, 17
- 澶淵の盟 …………………………… 17, 33
- 禅宗 ………………………………… 24
- 前蜀 …………………………… 15, 32
- 仙人 ………………………………… 10, 11
- 楚 …………………………………… 15, 16
- 宋 …………… 14, 16, 17, 22, 27, 28, 29, 30, 31, 32, 33
- 則天文字 …………………………… 7
- 租庸調 ……………………………… 5, 10

た行

- 大雲寺 ……………………………… 7
- 泰山 ………………………………… 7
- 大モンゴル国 …………………… 24, 33
- ダウ船 ……………………………… 13
- タングート族 …………………… 17, 32
- 朝賀 ………………………………… 26
- 朝貢 ………………………………… 26
- 「長恨歌」 …………………………… 8
- 天可汗 ……………………………… 5, 26
- 殿試 ………………………………… 17
- 天台山 …………………… 18, 19, 29
- 唐 …………… 4, 5, 6, 7, 8, 9, 10, 11, 12, 13, 14, 18, 26, 27, 28, 29, 30, 31, 32, 33
- 道教 ………………………………… 7
- 唐三彩 ……………………………… 5
- 突厥 ………………………… 5, 12, 13, 26
- 吐蕃 ……………………… 10, 26, 27, 32
- トンポーロー ……………………… 19

な行

- 南漢 …………………………… 15, 16, 32
- 南宋 … 22, 23, 24, 25, 27, 32, 33
- 南唐 …………………………… 15, 16, 31
- 日本 ……… 4, 5, 7, 11, 14, 15, 23, 24, 25, 26, 28, 29, 30, 32

は行

- 拝火教 ……………………………… 13
- 白村江の戦い …………………… 7, 26, 33
- 藩鎮 ………………………………… 11
- 秘色 ………………………………… 29
- 閩 …………………………………… 15, 32
- 武周革命 …………………………… 6
- 武人 ………………………………… 16, 17
- 仏教 ………………… 7, 14, 15, 17, 18
- 府兵制 ……………………………… 5, 10
- 文人 ………………………………… 9, 16, 17
- 坊 …………………………………… 30
- 封禅 ………………………………… 7
- 宝塔 ………………………………… 15
- 北宋 …………… 14, 16, 17, 18, 19, 20, 21, 22, 23, 32, 33
- 渤海 …………………………… 14, 15, 26, 32
- 北漢 …………………………… 15, 16, 32
- 募兵制 ……………………………… 10
- ポロ ………………………………… 11

ま行

- 密教 ………………………………… 11
- 明 ………………………………… 21, 23
- モンゴル帝国→大モンゴル国

ら行

- 律令 ………………………………… 4, 5
- 遼→契丹国
- 両税法 …………………………… 10, 33

わ行

- 倭→日本

地名さくいん

あ行
オルドス……17

か行
開封……14, 16, 17, 19, 21, 22, 30, 32, 33
河北地方……11
広東……15, 25
黄河……17, 32
広元……6
広州……12, 13, 32
杭州……16, 22
江南……4, 11, 12, 15
湖南……15

さ行
西域……5
四川……15
襄陽……24, 25, 32
西安……4
浙江……15

た行
太原……4, 5, 32
大興城……4
チベット……11, 26, 27
長安……4, 8, 9, 11, 12, 13, 27, 30, 32, 33
長安城→長安
長江……4, 25, 32
朝鮮半島……7, 14, 15, 26, 33

は行
白江……7, 33
福建……15

ま行
モンゴル高原……24, 25, 26, 27, 33

や行
揚州……13, 32

ら行
梁山泊……21
臨安……16, 22, 25, 32, 33

人名さくいん

あ行
阿倍仲麻呂……9, 28
安禄山……9, 33
宇多天皇……29
栄西……24
円仁……18
王安石……18, 19, 33
オゴデイ……25

か行
岳飛……23
徽宗……20, 21, 22, 25, 33
魏徴……5
吉備真備……28
欽宗……21, 22, 25, 33
空海……11, 18, 28
玄宗……8, 9, 11, 13, 33
高祖……4, 5, 13, 33
高宗（唐）……6, 7, 13, 33
高宗（南宋）……22, 23, 24, 25, 33
黄巣……12, 13, 33

さ行
蔡京……20, 21, 33
最澄……18, 28, 29
史思明……9, 33
持統天皇……7
朱温→朱全忠
朱熹……23
朱全忠……13, 14, 33
成尋……18, 19
秦檜……22, 23, 24
真宗……17, 25
神宗……18, 19, 20, 25, 33
真徳女王……7
菅原道真……28, 29
清少納言……8, 29
井真成……28
世宗……14, 16
善徳女王……7
宋江……21
則天武后……6, 7, 8, 13, 33
蘇軾……19

た行
太宗（唐）……4, 5, 6, 13, 26, 33
太宗（北宋）……16, 17, 25
橘 逸勢……28
中宗……7, 13
趙匡胤……14, 16, 25, 33
澶淵……17, 18
チンギス・カン……25
天智天皇……7
天武天皇……7
徳川家康……5

は行
白居易……8
武照→則天武后
藤原道長……29
フビライ……25
文天祥……25
北条泰時……5

ま行
紫式部……8

や行
楊貴妃……8, 9, 13
楊国忠……9
煬帝……4, 5

ら行
李淵→高祖
李元吉……4
李建成……4, 5
李克用……12, 13, 14
李世民→太宗（唐）
李存勗……14, 15
李白……9

■監修
渡辺信一郎（わたなべ しんいちろう）
1949年京都市生まれ。京都教育大学卒業、京都大学大学院博士課程東洋史学専攻単位修得退学（京都大学文学修士）。現在、京都府立大学名誉教授。著書に『中国古代社会論』（青木書店、1986年）、『中国古代国家の思想構造』（校倉書房、1994年）、『天空の玉座―中国古代帝国の朝政と儀礼』（柏書房、1996年）、『中国古代の王権と天下秩序』（校倉書房、2003年）、『魏書食貨志・隋書食貨志訳注』（汲古書院、2008年）、『中国古代の財政と国家』（汲古書院、2010年）、『中国古代の楽制と国家―日本雅楽の源流』（文理閣、2013年）ほか。

■著
山崎覚士（やまざき さとし）
1973年大阪府生まれ。大阪市立大学大学院文学研究科後期博士課程東洋史学専攻単位取得退学。博士（文学）（大阪市立大学）。大阪市立大学特任講師を経て、現職は佛教大学歴史学部歴史学科教授。著書に『中国五代国家論』（思文閣出版、2010年）、『歴史学への招待』（共著、世界思想社、2016年）ほか。

■編　集　こどもくらぶ（古川裕子）
■デザイン　吉澤光夫（装丁）、高橋博美（本文）
■企画・制作　株式会社エヌ・アンド・エス企画

この本の情報は、2018年1月までに調べたものです。
この本では、中国の人名・地名などは原則として「日本語読み・慣用読み」でふりがなをふっています。

■写真協力
(表紙上段, P4) © Chuyu ¦ Dreamstime
(表紙下段下, P8下段) © Jinfeng Zhang ¦ Dreamstime
(P6 上段) © Beibaoke1 ¦ Dreamstime
(P13下段) © Per Björkdahl ¦ Dreamstime
(P14) © Hongqi Zhang (aka Michael Zhang) ¦ Dreamstime
(P19) © cokemomo - 123RF
(P22 上段) © Zhaojiankang ¦ Dreamstime
(P22下段) © Eugenesergeev ¦ Dreamstime
(P24) © Richard Wong ¦ Dreamstime
(P27) © Liz Lee ¦ Dreamstime
※上記以外の写真そばに記載のないものは、フリー画像など。

■おもな参考図書
松丸道雄、池田温、斯波義信、神田信夫、濱下武志編『世界歴史大系　中国史2・3』山川出版社、1996年・1997年
氣賀澤保規『中国の歴史06　絢爛たる世界帝国　隋唐時代』講談社、2005年
小島毅『中国の歴史07　中国思想と宗教の奔流　宋朝』講談社、2005年
妹尾達彦『長安の都市計画』講談社、2001年
外山軍治『則天武后―女性と権力』中央公論新社、1966年
森公章『「白村江」以後―国家危機と東アジア外交』講談社、1998年
榎本渉『選書日本中世史4　僧侶と海商たちの東シナ海』講談社、2010年
シャルロッテ・フォン・ヴェアシュア『モノが語る日本対外交易史　7-16世紀』藤原書店、2011年

中国の歴史・現在がわかる本　第二期③　13世紀までの中国

2018年2月28日　第1刷発行		NDC222
監修者	渡辺　信一郎	
著　者	山崎　覚士	
発行者	竹村　正治	
発行所	株式会社かもがわ出版	
	〒602-8119　京都市上京区堀川通出水西入	
	営業部：075-432-2868　FAX：075-432-2869	
	編集部：075-432-2934　FAX：075-417-2114	
	振替　01010-5-12436	
	http://www.kamogawa.co.jp/	
印刷所	凸版印刷株式会社	

©Satoshi Yamazaki 2018
Printed in Japan

36p 31cm
無断複写複製（コピー）を禁ず
ISBN978-4-7803-0881-5
C8322

中国の歴史★現在がわかる本

(NDC222)

中国が世界での存在感を高めている今、日本人は中国・中国人についてもっと理解し、よりよい関係を築く方法を考えなければなりません。このシリーズは、中国が中国として成立していく過程に着目したあらたな構成で、古代から現在までをふりかえります。

★第一期★

監修／西村成雄

1. **20世紀前半の中国** 著／貴志俊彦
2. **20世紀後半の中国** 著／日野みどり
3. **21世紀の中国** 著／阿古智子

★第二期★

監修／渡辺信一郎

1. **紀元前から中国ができるまで** 著／目黒杏子
2. **2度目の中国ができるまで** 著／岡田和一郎
3. **13世紀までの中国** 著／山崎覚士